16	3	2	13
5	10	11	8
9	6	7	12
4	15	14	1

Bruno Brum

TUDO PRONTO
PARA O FIM DO MUNDO

editora 34

EDITORA 34

Editora 34 Ltda.
Rua Hungria, 592 Jardim Europa CEP 01455-000
São Paulo - SP Brasil Tel/Fax (11) 3811-6777 www.editora34.com.br

Copyright © Editora 34 Ltda., 2019
Tudo pronto para o fim do mundo © Bruno Brum, 2019

A FOTOCÓPIA DE QUALQUER FOLHA DESTE LIVRO É ILEGAL E CONFIGURA UMA
APROPRIAÇÃO INDEVIDA DOS DIREITOS INTELECTUAIS E PATRIMONIAIS DO AUTOR.

Imagem da capa:
Martin Parr, ITALY. Sorrento. 2014
© *Martin Parr/Magnum Photos/Fotoarena*

Capa, projeto gráfico e editoração eletrônica:
Bracher & Malta Produção Gráfica

Revisão:
Cide Piquet, Alberto Martins

1ª Edição - 2019

CIP - Brasil. Catalogação-na-Fonte
(Sindicato Nacional dos Editores de Livros, RJ, Brasil)

Brum, Bruno, 1981
B339t   Tudo pronto para o fim do mundo /
Bruno Brum — São Paulo: Editora 34, 2019
(1ª Edição).
80 p.

ISBN 978-85-7326-727-3

1. Poesia brasileira contemporânea.
I. Título.

CDD - 869.1B

TUDO PRONTO
PARA O FIM DO MUNDO

FAQ — Perguntas frequentes 11
Termos e condições 13
Canção.. 14
O Porcossauro....................................... 15
Júlia precisa de férias................................ 16
Simples e objetivo.................................... 17
Equilibrando taças de champanhe 18
Sobrevalorização do real 19
Roupa do corpo 20
Um monge... 21
Falta.. 22
Com muita naturalidade 23
Lifeprime™ 24
Jovem... 25
A gôndola mágica 26
José Gómez Herrera
     perdido en sus pensamientos........................ 27
Felicidade alheia..................................... 28
Dizem que o mundo é um lugar engraçado 29
Nota de esclarecimento 30
Marmitex.. 31
Oficina de poesia..................................... 32
Ninguém por perto.................................... 33
Valdomiro e o nada................................... 34
Diablo Wings 2.0 35
Tony Bisnaga, herói nas horas vagas 36
Buraco negro em forma de coração..................... 37
Uma bomba 40
Guto Galego manda a real 41
Canção do labirinto 42
Falha mecânica....................................... 43

Sem filtro...... 44
Finja surpresa...... 45
Um passo adiante...... 47
A morte do autor...... 48
Walter Novaes
    posa em seu quarto e sala e reflete:
    "Bonito é gostar da vida"...... 49
Infraestrutura...... 50
Noite dos improvisos...... 52
A fila...... 53
Menor diferença...... 54
Peter Cancro...... 55
Bárbara e os fantasmas...... 56
Avenida Hebe Camargo & outros poemas...... 57
Eu não sou bobo...... 58
Brutalidade jardim...... 59
Gestão de fracassos para concursos
(níveis médio e superior)
    Convém a nós...... 60
    Em estoque...... 61
    Claque...... 62
    Fronteira...... 63
    Floresta negra...... 64
    Conteúdo indisponível...... 65
Duplo-cego...... 66
Em aberto...... 67
Últimas considerações...... 68
Segunda-feira...... 69
Tudo pronto para o fim do mundo...... 70

Agradecimentos...... 74
Sobre o autor...... 75

TUDO PRONTO
PARA O FIM DO MUNDO

para Bárbara e Tatiana

FAQ — PERGUNTAS FREQUENTES

1. Sobre o que é este livro?

R: Sobre um garçom varrendo confetes em uma calçada molhada às cinco da manhã. Ele se apaixona pela bailarina bêbada da mesa oito e os dois fogem para o México em um carro alegórico.

2. O que o leitor pode esperar dos poemas?

R: O cliente, vulgo leitor, encontrará muita ação e efeitos especiais.

3. Por que *Tudo pronto para o fim do mundo*?

R: Esse título saiu por engano. O verdadeiro título do livro é *Uma plantação de soja na cabeça*.

4. O que é poesia?

R: Uma palavra que inventei no último dia da minha infância e depois esqueci.[1]

5. Por que você escreve?

R: O mais adequado talvez fosse perguntar por que continuo escrevendo.

6. Por que você continua escrevendo?

R: Boa pergunta.

---

[1] Ver Figura 4.

7. Que dica você daria para quem está começando?
R: Termine logo.

8. Qual a função da poesia na atualidade?
R: Tráfico de influência e lavagem de dinheiro.

9. Quais são suas influências?
R: Por favor, aguarde um momento.

10. Por que mais um volume de poesia no mercado?
R: Obrigado por aguardar. O livro foi uma estratégia
conjunta dos departamentos financeiro e de marketing,
que enxergaram na ação uma excelente oportunidade de
ganho de capital social.

11. Tenho que pagar para a editora publicar o meu livro?
R: Inbox.

12. Uma página escrita no computador com fonte Times
New Roman, corpo 12, equivale a quantas páginas de
um livro?
R: Na maioria das vezes, nenhuma.

13. Quais são seus próximos planos?
R: Dar baixa nos planos anteriores.

14. O que é a vida?
R: Não sou capaz de opinar.

15. O que é a vida?
R: Cabra morta não diz mé.

TERMOS E CONDIÇÕES

Parte do que dizem
não aparece na legenda,
bem como parte da legenda
não corresponde ao que dizem.

Parte do que pensam
não chega a ser dito,
bem como parte do que dizem
contradiz o que pensam.

A legenda se parece
com o que dizem, embora também
se pareça com qualquer coisa
que se diga ou se pense.

A despeito do que dizem
e pensam, ainda que não
digam nada, ou quase isso,
e ainda assim pensem dizer;

a despeito do que pensam
que dizem, ainda que não
pensem nada, ou quase isso,
e ainda assim digam pensar,

a legenda ultrapassa o sentido,
a legenda corrompe a si mesma.

CANÇÃO

Esta é uma canção sobre o tempo.
Esta é uma canção sobre o esquecimento.
Esta é uma canção sobre o dia
em que você disse que ficar vivo
para contar a história
é o melhor que se pode fazer.
Uma canção sobre contar uma história.
Qualquer história.
Uma canção sobre manter-se vivo.
Sobre o fim de todas as canções.
Mas você não disse o que fazer
quando a canção chegasse ao fim.
Esta é uma canção que já começa
a se tornar um problema.

O PORCOSSAURO

O Porcossauro não está contente.
Precisa de novos amigos
e um novo lar.
Precisa se esforçar mais
e entender que nada na vida vem fácil.
O Porcossauro caminha pela cidade observando os outros
        porcossauros
aparentemente mais felizes do que ele.
Sabe que é hora de mudança.
Mas mudar o quê?, pergunta-se, angustiado.
Ninguém poderia estar mais triste.
Nem mesmo os porcossauros que não têm onde morar e o
        que comer.
Tudo depende de você, dizem os porcossauros felizes.
E isso só piora a situação.
O Porcossauro pensa na Porcossaura e no Porcossauro Jr.
A angústia aumenta.
Não há para onde ir, conclui, atravessando a rua.
Não há por onde continuar.
Mas deve haver um jeito.
Deve haver um jeito, resmunga.
Ou não me chamo Porcossauro.

JÚLIA PRECISA DE FÉRIAS

O momento em que Júlia decide vender sua câmera
    fotográfica.
O exato instante em que isso acontece.
Ainda não definiu o que fazer no futuro.
Quer vender logo sua câmera seminova,
com uma lente extra e a bolsa de transporte.
Também não imagina o que fazer com o dinheiro.
Talvez guarde na poupança ou troque o sofá.
Júlia espera que sua câmera seja vendida em breve.
É uma boa câmera.
Todos queriam uma igual.
Júlia apenas espera.
Espera que alguma coisa acabe e outra comece.

SIMPLES E OBJETIVO

Quatro e meia da manhã,
acordo com o som do celular.
É a décima mensagem
que me manda nas últimas horas.
Ainda não consegui
responder a nenhuma delas.
"O convívio em sociedade virou um show de horrores.
O ser humano é o animal mais cruel que existe.
Para onde olho, vejo dor e sofrimento.
Sei que tenho incomodado, mas em breve isso vai parar."
Sem acender a luz,
caminho até a cozinha
e bebo um copo d'água.
Volto para o quarto tentando
formular uma resposta.
Algo simples e objetivo.
Amanhã tenho reunião às nove.

EQUILIBRANDO TAÇAS DE CHAMPANHE

Os colegas me parabenizam pela conquista.
Os vizinhos me parabenizam pela família.
Os médicos me parabenizam pela saúde.
Os clientes me parabenizam pela eficácia.
Os amigos me parabenizam pela lealdade.
Os bêbados me parabenizam pela escuta.
Os jovens me parabenizam pela graça.
Os estranhos me parabenizam pela gentileza.
Os vendedores me parabenizam pela escolha.
Os loucos me parabenizam pela cumplicidade.
Os políticos me parabenizam pela confiança.
Os policiais me parabenizam pela conduta.
Os sábios me parabenizam pela prudência.
Todos me parabenizam com vontade.

Muito obrigado.

SOBREVALORIZAÇÃO DO REAL

Nova forma de escrita primitiva pode ter sido criada há
5 mil anos no Oriente.
Holograma de Elke Maravilha vai conversar com público
em exposição.
Falso intérprete da cerimônia de Mandela afirma ser
esquizofrênico.
Ken Humano retira costelas e mostra os ossos na tevê.
Carlos Imperial, "Cansei de mentiras".
"Toda minha vida é uma mentira", Norma Bengell.
China inaugura maior prédio do mundo, com praia e sol
artificiais.
Índice Big Mac aponta para a sobrevalorização do real.

ROUPA DO CORPO

Para o céu a gente leva 2 biquínis, 3 vestidos, 1 calça,
1 blusa, 1 camisa de manga comprida, 1 par de sandálias,
1 tênis e 1 boné.

Para o inferno a gente leva 1 capa de chuva, 1 par de
galochas, 1 par de luvas, 5 lenços, 2 calças jeans, 1 jaqueta
de couro, 1 bússola e acessórios diversos.

Para andar de um lado para o outro, basta a roupa do
corpo.

UM MONGE

sentado
em uma
pedra
no topo
de uma
montanha
esperando
o sucesso
chegar.

FALTA

Demasiado humano,
viver, não é segredo,
dói, salvo engano.

A fita acaba sem aviso.
A luz apaga, cai
o pano.

O locutor engasga,
é bom ficar piano:

um soneto de Petrarca,
uma falta de Júnior Baiano.

COM MUITA NATURALIDADE

O rapaz de camiseta branca ainda não se deu conta.
O malabarista no semáforo desconfia.
A menina de aparelho acha que é tudo mentira.
O irmão mais novo olha sem disfarçar.
A mãe e o pai se perguntam o que está havendo.
O homem de mochila age com muita naturalidade.
A mulher com o embrulho tenta manter a calma.
O flanelinha parece ficar inquieto.
O casal de turistas se levanta para ver melhor.
A ruiva de uniforme espera estar enganada.
A adolescente reconhece que chegou a hora.
O repórter respira e ajeita o casaco.
A moça de vestido azul está impecável.
O senhor de chapéu e bigode também arrasa.

LIFEPRIME™

Não adianta ficar aí parado,
olhando para dentro dos buracos
das pessoas no meio da rua,
em busca da saída.
É inútil e constrangedor.
Afinal, o que todos querem é LifePrime™.
LifePrime™ e privacidade.
LifePrime™, privacidade e algum prestígio
em seu círculo social.
Todos querem, sem exceção.
Os microempreendedores individuais
e os pensionistas do INSS.
Os blogueiros de moda
e os detetives particulares.
Os massagistas e os tradutores
de bulas e relatórios.
E também os agiotas, os atletas,
os médicos pediatras e os vigias noturnos.
Os hipocondríacos, os endividados
e os jogadores de cartas.
Os inadvertidos, os resignados e os que sonham
em terminar bem.

JOVEM

Jovem deixa óculos em museu
e visitantes pensam que é obra de arte.

Jovem deixa obra de arte em museu
e visitantes pensam que perderam os óculos.

Jovem recolhe óculos de museu
e visitantes pensam qualquer outra coisa.

Jovem, colabore.

A GÔNDOLA MÁGICA

Eis a gôndola mágica:
é idêntica a uma comum,
só que mágica.

JOSÉ GÓMEZ HERRERA
PERDIDO EN SUS PENSAMIENTOS

O guitarrista sobe ao palco. Espera-se que toque a guitarra. É também o que se espera dos demais integrantes da banda: que toquem seus instrumentos. Ninguém os obriga a tocar. Não é necessário violência, apesar dos seguranças presentes no local. Eles simplesmente sobem ao palco e fazem o que deve ser feito. O show dura uma hora e trinta minutos, em média. A maioria está de acordo que esse tempo é o bastante para se divertir. A rotina do lado de fora nem sempre é tão agradável. Este ponto é praticamente um consenso. Mas não é o que nos interessa. O som toma conta do lugar. É uma experiência única para cada um dos presentes, o que nos leva a contabilizar 1.612 experiências únicas acontecendo simultaneamente. A primeira e a segunda música são tocadas sem intervalo. O vocalista saúda a plateia entre a segunda e a terceira. Entra um refrão — o mesmo refrão que tocava nos fones de ouvido de José Gómez Herrera naquela manhã de 2009, no Aeroporto Internacional de El Dorado, Bogotá, enquanto uma voz monótona solicitava o seu imediato comparecimento ao portão de embarque.

FELICIDADE ALHEIA

A felicidade alheia me fere.
A felicidade alheia me oprime.
A felicidade alheia me faz pensar em desistir.
Passo horas na internet, investigando até onde vai a
      brincadeira.
Passo horas sofrendo, lendo posts e mais posts.
Um sofrimento gostoso.
Um sofrimento justo.
Um sofrimento necessário.
Às vezes penso em jogar a toalha,
mas a felicidade alheia me redime,
a felicidade alheia me alimenta,
a felicidade alheia me salva.
Só ela pode me salvar.
Tenho raiva de tudo o que não seja a felicidade alheia.
Tenho muita raiva.
Você não faz ideia.

DIZEM QUE O MUNDO
É UM LUGAR ENGRAÇADO

Eu vi Peter Pan despencar sobre a plateia
durante espetáculo no Teatro Marília.
As crianças, em choque, foram retiradas do local.

Eu vi Magali mijando atrás de uma pilastra
no Parque da Mônica. Por fim, sacudiu o pau,
colocou novamente a máscara e voltou ao trabalho.

Eu vi Beto Carrero e o cavalo Faísca derraparem
na fina camada de areia e saírem pela tangente
naquela tarde no Ginásio do Mineirinho.

Por muitos anos tentei me convencer
de que tudo isso não passou de invenção.
Ainda tenho minhas dúvidas.

NOTA DE ESCLARECIMENTO

Uma rua com um buraco no meio.
Um urubu corre ao redor do buraco
tentando bicar Elias.
Elias corre ao redor do buraco
tentando fugir do urubu.
Não diz nada enquanto foge.
Apenas corre.
Isso não é um pesadelo.
Isso não é uma metáfora.
Isso aconteceu de verdade, no verão de 1994.
Um urubu corre ao redor do buraco
tentando alcançar Elias.
Elias corre ao redor do buraco
tentando escapar do urubu.

MARMITEX

A alegria tem um sabor
que não sei explicar.
Lembra frango.

OFICINA DE POESIA

Trabalhe em dois livros, simultaneamente.
Dedique a maior parte do seu tempo ao livro 1.
É nele que você colocará os melhores poemas.
No livro 2, escreva o que vier à cabeça,
sem muitas preocupações temáticas ou estilísticas.
Ele vai funcionar como um caderno de exercícios
e provavelmente nunca será lido.
Enquanto isso, continue trabalhando com afinco
nos poemas do livro 1.
Ao final do processo,
jogue fora os poemas do livro 1
e publique o livro 2.

NINGUÉM POR PERTO

Admiro as plantas que vivem neste apartamento.
Sem água fresca, cortinas fechadas, pouca conversa.
Respeito essas plantas: pequenas, robustas, teimosas.
Sem ninguém por perto quando o sol maltrata.
Pra limpar a poeira ou abrir a vidraça.
No parapeito, na cozinha, sobre a mesa da sala.
Em silêncio, orgulhosas.
Não morreriam a troco de nada.

VALDOMIRO E O NADA

Valdomiro toma veneno e não acontece nada.
Toma remédio e não acontece nada.
Toma cachaça e não acontece nada.

Valdomiro abre a janela e não acontece nada.
Inclina o corpo e não acontece nada.
Olha para baixo e não acontece nada.

Até aqui, tudo bem.

Ainda bem que já não pode.
Ainda bem que já não quer.
Ainda bem que já não liga para nada.

Uns acham uma coisa.
Outros acham outra coisa.
Valdomiro não acha nada.

DIABLO WINGS 2.0

O poema *Diablo Wings 2.0*
é a expressão máxima da originalidade.
Com o requinte e o bom gosto que caracterizam o estilo do
    autor,
foi feito para quem não se contenta com o básico.
Recomendo.

TONY BISNAGA, HERÓI NAS HORAS VAGAS

O café vai esfriar.
Vamos todos morrer.
O ovo e a galinha vieram antes da morte.
A morte veio antes da penicilina.
Ainda bem que tudo deu certo.
Ainda bem que chegamos até aqui.
O mingau vai acabar.
A paciência vai acabar.
Esperar sentado é uma possibilidade.
Depois de amanhã é feriado.
Ir embora não é má ideia.
O trabalho sujo precisa ser feito.
A gente está aí para isso.
A promoção vai acabar.
É preciso correr.
Tudo nessa vida tem jeito.
Tony Bisnaga está aí para isso.

BURACO NEGRO EM FORMA DE CORAÇÃO

Lavo o rosto enquanto procuro me lembrar quando foi
que as coisas começaram a ruir.

A partir de que ponto deixamos de entender os sinais,
os malditos sinais.

Quando trocamos os pés pelas mãos e saímos por aí
chutando cachorro morto.

*

Quando passamos a:

— Responder testes e quizzes na expectativa de descobrir
algo sobre nós mesmos que ainda não haviam nos
contado;

— Elaborar perguntas em forma de Roberto Marinho;

— Domesticar o pânico;

— Aprimorar a frustração;

— Cantar *Unforgettable* bebendo vinho chapados de
ácido em jacuzzis transbordando espuma de sais de
banho.[1]

---

[1] Esse dia foi louco.

Quando descobrimos o conforto e a irrelevância.

*

Inquilinos do remorso,
zeladores de ruínas,
aplaudindo muros,
câmeras de vigilância
e as nossas caras de bunda
refletidas em espelhos
de elevador.

*

Os fenômenos geológicos.
Os colapsos gravitacionais.
A garrafa de conhaque
caída no chão da loja de conveniência
às sete da manhã,
esquina de Rio Grande do Norte
com Getúlio Vargas:

um sol estilhaçado
exalando o seu perfume.

*

[...]
e da coleção Os Pensadores,
que comprava toda semana
a fim de me tornar
uma espécie de Wittgenstein tropical
em mais ou menos seis meses,
e que alguns anos depois acabei vendendo
a preço de banana no sebo Shazam, no Maletta,

para comprar maconha de má qualidade
sem ter lido nenhum dos livros até o fim
(alguns eu nem tirei do plástico, para não estragar).

*

Em alegoria giratória
planejo outras coleções.
Os Predadores
ou mesmo
Os Perdedores
me parecem títulos razoáveis.
Venderiam como água nas bancas
ou viriam encartadas
em jornais de grande circulação.
Leopoldo María Panero, penso em ti.

*

[...]
olhos caramelo IV distraem o vazio.

UMA BOMBA

A vontade de jogar uma bomba.
A ingênua e franca vontade de jogar uma bomba.

Há quem faça dívidas.
Há quem faça promessas.
Há quem faça pedidos.

Ao menos uma vez na vida tudo se resume
à vontade de jogar uma bomba.

GUTO GALEGO MANDA A REAL

Você sabe que antes do cinco
vem o quatro, antes do quatro
vem o três, antes do três
o dois e, antes dele, o um.
Você sabe que antes do um
vem o zero
e que nada disso é capaz de mudar
nossa pobre realidade.

Um abraço para o Deco, para o Lunga
e o pessoal da pesada.
Um alô para a Mila, a Tita
e o grande Agnaldo Timóteo.

CANÇÃO DO LABIRINTO

No início está perdido.
Depois, não está mais.
Ou parece não estar.
Ou acredita não estar.
Então, se perde outra vez.
E outra.
E, de tanto perder-se,
não se perde mais.
Impossível perder-se mais.
Há anos não percebe o quanto.
Não discute.
Não demonstra.
Mas a verdade é que
já não se perde mais.

FALHA MECÂNICA

É preciso muita garra e determinação para alcançar o topo.
É preciso muita garra e determinação para alcançar.
É preciso muita garra e determinação para.
Enfim, vocês entenderam.

SEM FILTRO

Preparou a mesa.
Toalha xadrez, queijo cortado em cubinhos,
azeite, maço de cigarros,
cerveja artesanal, laptop, livro.
Equilibrando-se na ponta dos pés,
conseguiu fazer a foto:
tudo milimetricamente posicionado,
apesar da aparente espontaneidade.
Está na cara que se trata de um arranjo,
mas isso faz parte do jogo.
Os primeiros goles de cerveja tornaram tudo ainda melhor.
Sem cobranças nem reclamações.
Entediou-se na segunda página do livro.
"O importante é que saibam que estou bem."
Carros aceleravam no cruzamento em frente
a intervalos regulares.
Ônibus. Buzinas. Entregadores de pizza.
Por um instante a sirene da ambulância
fez lembrar o começo de *Águas de março*.

FINJA SURPRESA

A: Tenho uma notícia boa e outra má.

B: A má primeiro.

A: A má é que não existe notícia boa.

B: Agora conta a boa.

A: A boa é que nem sempre digo a verdade.

B: Então quer dizer que ainda pode haver uma notícia boa?

A: Desde que a má não seja verdadeira.

B: Tenho uma chance em duas?

A: A princípio, sim, mas as duas notícias já foram dadas.

B: Não entendi.

A: Não tenho mais nenhuma boa notícia além da afirmação de que nem sempre digo a verdade.

B: Hum, era apenas uma notícia de cada tipo.

A: Exato. E as duas notícias já foram dadas.

B: Mas você falou que não diz a verdade.

A: Falei que *nem sempre* digo a verdade.

B: Se a má notícia é verdadeira, temos então duas más notícias.

A: Não. Se a má notícia é verdadeira, a boa pode continuar sendo verdadeira ou falsa.

B: E se a má notícia é falsa, temos apenas uma notícia, que não é boa nem má.

A: As duas notícias são verdadeiras.

B: Impossível.

A: Eu não disse que contaria uma notícia verdadeira e uma falsa, mas uma boa e outra má.

B: Se a boa notícia é falsa, a má pode ser tanto verdadeira quanto falsa, tanto boa quanto má.

A: Eu deixei claro que seria uma boa e outra má.

B: E se a afirmação de que você nem sempre diz a verdade é falsa, então você diz sempre a verdade ou sempre mente.

A: Uma afirmação não anula a outra.

B: Se você diz sempre a verdade, as duas notícias são falsas. Se você nunca diz a verdade, também. Aliás, até mesmo a hipótese de uma notícia boa e outra má é falsa.

A: É o que tenho aqui, uma notícia boa e outra má. Qual quer ouvir primeiro?

B: A boa.

A: A boa é que não existe má notícia.

B: E a má?

UM PASSO ADIANTE

Uma coisa leva a outra coisa
que te leva à merda.
Você para e tenta descobrir
qual delas é a culpada,
mas é praticamente impossível.
Em primeiro lugar porque
a essa altura já é tanta coisa
e tanta merda envolvida
que não vale mais a pena mexer.
Por outro lado, uma coisa
que não leve a outra
não tem lá grande utilidade,
sendo por isso muitas vezes
confundida com merda.
A legítima merda, no entanto,
sempre leva a outras coisas.
Basta dar um passo adiante e seguir.
Pessoas do mundo inteiro já descobriram
os benefícios do procedimento,
ainda que estejam atoladas até o pescoço
na mais pura merda.
No meu caso funcionou muito bem,
e agora consigo movimentar os braços
e a perna direita.
Não tenho do que reclamar.

A MORTE DO AUTOR

O autor morre
no terceiro episódio
da quinta temporada.

WALTER NOVAES
POSA EM SEU QUARTO E SALA E REFLETE:
"BONITO É GOSTAR DA VIDA"

Walter Novaes pagou
a parcela 12/12 do crediário
na última terça-feira
e já pode traçar novas metas.
Pensa nas possibilidades.
Compara.
Analisa.
Gente é pra brilhar.
É preciso falar com o gerente.
Chique é ser inteligente.
Se lembra do quanto sofreu
para chegar até aqui.
Dos sapos que engoliu
para chegar até aqui.
Dos patos que pagou
para chegar até aqui.
Se lembra com nostalgia
do tempo em que caiu
na cidade grande
sem saber criar
uma mísera planilha
no Excel.

INFRAESTRUTURA

1
Uma árvore de Natal tombada pelo vento
no estacionamento de um shopping center
no interior do estado de São Paulo.

1.1
A estrutura metálica, 30 metros de altura,
exposta para os clientes de um shopping center
no interior do estado de São Paulo.

1.1.1
Corpo estranho atrapalhando o fluxo
de veículos no estacionamento de um shopping center
no interior do estado de São Paulo.

1.1.2
Vênus retorcida, qual árvore da caatinga
em pleno estacionamento de um shopping center
no interior do estado de São Paulo.

1.1.3
Pálida carcaça oferecida aos famintos
acampados no estacionamento de um shopping center
no interior do estado de São Paulo.

2
Uma árvore de Natal — o que restou dela — recolhida pelo
Corpo de Bombeiros no estacionamento de um shopping
    center
no interior do estado de São Paulo.

3
O estacionamento de um shopping center
no interior do estado de São Paulo.

NOITE DOS IMPROVISOS

O apito da fábrica de não deixar
dormir acaricia os ouvidos.
É tudo o que preciso
em tempos de vacas magras,
na noite dos improvisos.

Que fábrica fabrica a máquina
da fábrica de não deixar dormir?
E que fábrica fabrica a máquina da fábrica
que fabrica a máquina da fábrica
de não deixar dormir?

O ventilador de teto faz muito barulho
e não me deixa dormir.

O caminhão do lixo faz muito barulho
e não me deixa dormir.

O pessoal do jurídico faz muito barulho
e não me deixa dormir.

A FILA

É uma fila
Ninguém sabe onde começa.
Ninguém sabe onde vai dar.
Uma fila sem origem ou destino.
E que aumenta a cada dia.
Sempre me perguntam como uma fila pode crescer se
ninguém sabe onde começa ou termina.
Não tenho a resposta.
As pessoas costumam furar filas.
As pessoas costumam fazer perguntas difíceis.
Suponho que a fila morda a própria cauda.
É uma fila.
Uma senhora fila.
Ninguém sabe onde começa.
Ninguém sabe onde vai dar.

MENOR DIFERENÇA

Jaqueline comeu salsicha pela primeira vez há trinta anos.
A gente dizia "Vai, Jaqueline, experimenta uma".
Depois de muita insistência, resolveu provar.
Me lembro bem:
contorceu a face, numa expressão
de prazer, apertou os olhos e deu pulinhos,
emitindo um som bem fino.
Poucos meses depois, Jaqueline,
que era evangélica e não assistia tevê,
abandonou o noivo e sumiu do mapa.
A vizinhança ficou surpresa.
Admito que também fiquei,
mas logo me dei conta de que minha opinião
não fazia a menor diferença.
Hoje, tanto tempo depois,
sem notícias de seu paradeiro,
como salsichas pensando em Jaqueline.
É muito bom.

PETER CANCRO

O ignorante
o inexperiente
o incompetente
o inconsequente
o prepotente
o orgulhoso
o invejoso
o covarde
o dedo-duro
o desagregador
o perdedor
Peter Cancro
ainda empilha pedras?
Se sim,
é uma imoralidade
uma irresponsabilidade
uma falta de respeito
para com o leitor.
Uma vergonha
sem precedentes
na gloriosa história
da nossa literatura.
ACORDA BRASIL.

BÁRBARA E OS FANTASMAS

A menina busca em meu peito
um abrigo contra as sombras
que desabam do telhado.

Dentro do guarda-roupa
há morcegos disfarçados
de gravatas-borboleta.

Os ritmos de nossa respiração
se cruzam e se perdem
no escuro do quarto.

Adormecemos sem saber
o que nos aguarda lá fora.

AVENIDA HEBE CAMARGO & OUTROS POEMAS

Seu carrinho está vazio & outros poemas.
Não vou me alongar: notas de um sedentário & outros
    poemas.
Linchamento para leigos & outros poemas.
Apocalipse sustentável & outros poemas.
O futuro estraga os dentes & outros poemas.
Cicuta litrão & outros poemas.
Quem estiver de sapatênis não sobra & outros poemas.
Meu sonho é morrer no Sírio Libanês & outros poemas.
Foi o corretor ortográfico & outros poemas.
O kamikaze aposentado & outros poemas.
Um gato chamado Black Friday & outros poemas.
Facilite o troco & outros poemas.
Cale a boca e concorra a prêmios & outros poemas.
Segue o comprovante & outros poemas.
Medo e delírio em Aparecida do Norte & outros poemas.
Rodízio de viroses & outros poemas.
Frigorífico Boa Esperança & outros poemas.
Só não saio daqui porque não tenho escolha & outros
    poemas.

EU NÃO SOU BOBO

Quantos likes merece esse lindo sorriso?
Esse chope com a galera do trampo?
Essa viagem inesquecível?
E essa notícia fresquinha, quantos?
Esse filé ao molho madeira?
Essa cafeteira nova?
Esse clima de romance?
Esse programa em família?
Quantos vale o meu poodle?
Minha fé?
Minha tattoo?
Essa música que resume tudo?
Esse vídeo?
Esse meme?
Esse treino a céu aberto?
Esse panfleto?
Essa jogada de craque?
E esse poema da Clarice Lispector?
Essa mensagem na camiseta?
Esse passeio de bike?
Minha história passada a limpo?
Quantos likes?
Quantos?
Deve ter algum valor.
Eu não sou bobo, neném.
Alguma coisa vale.

BRUTALIDADE JARDIM

Polícia investiga onda de homicídios no bairro Torquato Neto. Moradores reclamam de buracos no Torquato Neto. Corpo é encontrado em matagal no Torquato Neto. Idoso é morto a pauladas no Torquato Neto. Moradores arrancam cerca e tocam fogo em terreno no Torquato Neto. Mulher é morta por namorado no conjunto Torquato Neto. Homem é preso com drogas e munição no Torquato Neto. Pintor é assassinado a facadas no residencial Torquato Neto. Carteiro é baleado com tiro no rosto no Torquato Neto. Moradores do Torquato Neto solicitam ao poder público mais espaços para lazer. Mulher com filho deficiente é despejada do residencial Torquato Neto. Criança é espancada no bairro Torquato Neto. Homem é assassinado na frente do filho no residencial Torquato Neto. Comerciantes do Torquato Neto denunciam sequência de arrombamentos. Força tática do Promorar estoura boca de fumo no residencial Torquato Neto. "As ruas estão cada vez piores", diz morador do Torquato Neto.

GESTÃO DE FRACASSOS PARA CONCURSOS (NÍVEIS MÉDIO E SUPERIOR)

Convém a nós

Demolir cinemas
e construir igrejas.

Demolir igrejas
e construir estacionamentos.

Demolir estacionamentos
e construir bancos.

Demolir bancos
e contar com a sorte.

Em estoque

1 cidade cenográfica + elenco de apoio. Frete grátis.
1 casal de unicórnios, entregues castrados e com a segunda
    dose da vacina.
1 vale-brinde usado.
1 par de ingressos para o teatro de operações.
1 rato embrulhado para presente.

Claque

sou meu
palha
ço pre
dileto
ainda à
cata dos
meus res
tos ao
fim
da fes
ta de
arromba
dos

Fronteira

Oi, dá licença da minha selfie?

Floresta Negra

Sonhei que infartava na sorveteria.

Conteúdo indisponível

Pode gritar,
mas grita baixo.

DUPLO-CEGO

Vinte e quatro horas trancado em uma jaula
com duzentos deputados cantando o hino nacional.

Duas horas e meia olhando para o relógio de parede
e estabelecendo relações entre tempo e geometria.

Trezentos e sessenta e cinco dias e seis horas
escrevendo cartas de amor em papel alumínio.

Noventa segundos refletindo se é mais fácil
perder a cabeça ou um guarda-chuva.

Cinquenta anos cultivando tumores numa área
equivalente a quinze campos de futebol.

Quarenta e quatro horas por semana
preferindo não ter acordado.

Uma vida preparando um não como resposta.

EM ABERTO

Nem sempre é possível conter
o choro, o riso, a revolta, o desejo
de sumir por um tempo.

Otimistas entram e saem das tocas
ao longo do dia enquanto comentam
que tudo caminha para o fim.

Nem sempre é possível confiar
no cadáver que, coberto com jornal,
lê em voz alta as últimas notícias.

Às vezes é preciso esvaziar as mãos
e seguir sozinho
até o abismo mais próximo.

Não se preocupe agora.
Mais um pouco e teremos algo a perder.

ÚLTIMAS CONSIDERAÇÕES

Eu devia deixar de lado os vícios,
as mágoas e a comida congelada.
Devia aceitar melhor o fato
de não dormir todas as noites,
não acordar todos os dias
e de não conseguir puxar conversa
quando necessário.
Sempre me pergunto o que dizer
na próxima frase,
o que fazer no próximo instante,
para onde ir, caso me canse.

Eu devia ir morar com aqueles gordos.
Levar uma vida de gordo.
Ser feliz como um gordo.

SEGUNDA-FEIRA

Respira
enquanto amaldiçoamos a sorte
e vagamos sem rumo
por avenidas superfaturadas.

Perdura
enquanto marcamos compromissos
com desconhecidos
e festejamos o que quer que seja
por questão de sobrevivência.

Imersa
no espaço não identificado
de um sopro,
entre uma e outra
resolução de emergência,
a insone estrela de fogo.

Onde não é nem nunca foi segunda-feira.

TUDO PRONTO PARA O FIM DO MUNDO

Ainda não é o fim. Sequer chegamos ao começo do fim. Talvez seja o fim do começo. Começo a desconfiar dos cálculos e projeções. A vida é curta. A morte é lenta. Este produto causa náusea e desvarios. A previsão é de sol com muitas nuvens durante o dia e tempestades isoladas à noite. Barricadas nas praças de alimentação. Abrigos nas portas giratórias. Hoje não aconteceu nada. Hoje faz sete anos que o Caetano estacionou o carro no Leblon. Hoje é o meu aniversário. Todos se odeiam com muito carinho e mandam lembranças. Eu retribuo soltando pombas brancas de uma caixa de sapatos. Essa gente não faz ideia da felicidade que sinto. Meu coração é puro e nele galopam cavalos selvagens. Não assistimos o céu vir abaixo. Não escutamos os gritos e as explosões. Declaramos guerra e fomos dormir. Meus amigos estão sumidos, mas continuam vivos em algum lugar. Pode ser que apareçam na próxima semana. Se sobra tempo, falta dinheiro. Se sobra dinheiro, falta tempo. Se sobra tempo e dinheiro, falta vontade. Amo os meus amigos. Eles me ensinaram a sofrer em silêncio e a rir sem ser notado. Evite aglomerações. Fale apenas o indispensável. O mundo não acabou, como esperávamos. Amanhã voltaremos ao trabalho. Figurantes trocam o figurino. Refugiados mascam balas de borracha. Preciso ir embora. Levo um bilhete de loteria e as senhas que sei de cor. X tenta me convencer de que não tenho saída. Y pede que eu seja mais paciente. Z admite que já não me reconhece. Também tenho algo a dizer. No princípio era o caos. Havia um piano de churrascaria e funcionários tirando fotos de convidados eufóricos. Fizemos o que estava ao nosso alcance. Cavamos túneis no meio do nada e deixamos o tempo falando sozinho. Moldamos pequenos bonecos de neve com bosta de vaca e ficamos no pasto olhando os mosquitos até o amanhecer. "Ao contrário das vacas, os mosquitos não têm dono", diz Tom, The Old Monkey, esbanjando lucidez. Ele se sente honrado em participar de um livro de poemas.

— Diga oi, Tom.

— Oi.

— Diga tchau, Tom.

— Tchau.

*

O mundo não descansa — escravos trabalham em regime de home office 24 horas por dia coletando dados viciados — enquanto não toma de volta os trapos que você guarda consigo. A carcaça destroçada de um rio. O bafo quente dos bueiros. O coração apodrecido do progresso. Os cheiros que a civilização desistiu de esconder. Vejo mártires e anúncios pregados nos postes. Controle de pragas. Visitas guiadas à Cracolândia. Dormimos por mil dias e mil noites, sufocados por sonhos e maus pressentimentos. Meu país é um pesadelo com ótimas locações. Uma fúria adocicada envenena a paisagem. Dois terços da população sucumbem ao desespero e ao contentamento. Não estou certo de que acordamos. É preciso inventar novas farsas e deixar que os sonhos descansem em paz. Eu poderia ter outro nome. Eu poderia estar arruinado. Como não estou, decido voltar atrás e embaralhar as cartas outra vez. As cidades não têm o mesmo destino das pessoas. A morte não começa com um gemido. A vida não termina com um estrondo. Quando tudo for deserto, teremos um lugar ao sol. Ainda não é o fim. Sequer consideramos a possibilidade. Existem perguntas demais aguardando respostas. A técnica é a sistematização da gambiarra? O assum preto canta por falta de assunto? Você comeria hambúrguer de células tronco? No meu inferno ou no seu? Zumbis de havaianas vomitam silício e pedem perdão. Um bando de aves fiesta voa para as montanhas. Cães ladram à beira da cidade dolente: "Deixai toda esperança, vós que entrais". Estou ciente e quero continuar.

*

Lúcio Flávio, passageiro da entropia, abre os olhos no momento em que o ônibus estaciona no terminal rodoviário, saindo bruscamente do coma induzido pela vibração do motor. Falta pouco para amanhecer. Ainda zonzo, afasta a cortina e olha pela janela embaçada. Faz frio. Não há placas indicando o nome do local, mas suspeita que nunca esteve ali antes. "Eis o fim do mundo." Um andarilho dorme em um dos bancos de alvenaria ao fundo da plataforma. No outro, um homem de calça jeans encardida e camisa abotoada até o colarinho prepara um cigarro de palha. Antes de acender o cigarro, cospe de lado, quase acertando o vira-lata encolhido sob o banco, limpa a boca com a manga esquerda da camisa e espia o desembarque dos passageiros. Lúcio se espreguiça. O corpo dói. Vai até a lanchonete na área externa da rodoviária e pede um café. O cheiro de fritura revira o estômago. Engole de uma vez, deixa o dinheiro sobre o balcão e sai. Não se lembra do que aconteceu nas últimas 72 horas. Nenhum plano para o resto da vida. Sem pensar muito, segue na direção leste, pela rua da Pedra Lascada.

AGRADECIMENTOS

A Alberto Martins, Cide Piquet, Diego Vinhas, Fabiano Calixto, Fabrício Corsaletti, Joca Reiners Terron, Leonardo Gandolfi, Luiz Roberto Guedes, Marcelo Montenegro e Reuben da Rocha, pelas leituras, críticas e sugestões.

A Mozart Brum, Mozart Brum Jr. e Regina Marques, pelo apoio.

SOBRE O AUTOR

Bruno Brum nasceu em Belo Horizonte, em 13 de janeiro de 1981. É poeta e designer gráfico. Publicou os livros *Mínima ideia* (2004), *Cada* (2007) e *Mastodontes na sala de espera* (2011, vencedor do Prêmio Governo de Minas Gerais de Literatura, na categoria Poesia, em 2010). Desde 2017 coordena o selo Pedra Papel Tesoura, pelo qual publica pequenas edições de poesia contemporânea. Entre 2006 e 2009 editou, com Makely Ka, a *Revista de Autofagia*, voltada para a literatura e as artes visuais. Tem trabalhos publicados em periódicos no México, na Argentina, no Peru, no Paraguai, na Espanha e nos EUA. Ao longo dos últimos anos, alguns de seus poemas estiveram presentes em plaquetes e antologias, como *Saideira: o livro dos epitáfios* (Pedra Papel Tesoura, 2018, organização de Joca Reiners Terron e Marcelino Freire), *Simultâneos pulsando: uma antologia fescenina da poesia brasileira contemporânea* (Corsário-Satã, 2018, organização de Fabiano Calixto e Natália Agra), *Mapas provisórios* (Pedra Papel Tesoura, 2018, fotolivro de Tatiana Perdigão com poemas de Bruno Brum), *Breve antologia da poesia engraçada* (Ubu, 2017, organização de Gregorio Duvivier), *Bruno Brum a ritmo de aventura y otros poemas* (Palacio de la Fatalidad, Mexico, 2017, seleção e tradução de Sergio Ernesto Ríos), *20 sucessos* (com Fabiano Calixto, Luna Parque, 2016), *Equilibrando tazas de champán y otros poemas* (Expresso Muamba, Brasil/Paraguai, 2016, traduzido para o portunhol selvagem por Douglas Diegues), *Inventar la felicidad: muestra de poesía brasileña reciente* (Vallejo

& Co, Peru, 2016, organização de Fabrício Marques e Tarso de Melo), *Interferências* (Vento Norte Cartonero, 2015) e *Marmelada* (com Ana Elisa Ribeiro, Coleção Leve um Livro, 2015). Em 2018, a Antônima Cia de Dança apresentou em São Paulo o espetáculo *Isso ainda não nos leva a nada*, concebido a partir do diálogo com poemas do livro *Mastodontes na sala de espera*. Idealizou e foi um dos curadores, ao lado de Ana Elisa Ribeiro, da Coleção Leve um Livro, que entre 2015 e 2017 distribuiu, de forma gratuita, 180 mil livretos de mais de 70 poetas de todo o Brasil nas ruas da capital mineira. Vive em São Paulo desde 2012.

Este livro foi composto em Sabon, pela Bracher & Malta, com CTP e impressão da Bartira Gráfica e Editora em papel Pólen Bold 90 g/m² da Cia. Suzano de Papel e Celulose para a Editora 34, em fevereiro de 2019.